DISCOURS

SUR

L'ÉMULATION:

PRONONCÉ

DANS

L'ASSEMBLÉE PUBLIQUE

DE

L'ACADÉMIE ROYALE DES GENTILS-HOMMES,

LE 2. MARS,

PAR

M. BORRELLY,

Profeſſeur d'Éloquence, & Membre de l'Académie
Royale des Sciences & Belles-Lettres.

A BERLIN,

chez G. J. DECKER, Imprimeur du Roi.

1774.

MESSIEURS,

uels fentimens excite dans vos cœurs une Époque auſſi mémorable que celle que vous célébrez aujourd'hui? Elle vous rappelle ſans doute les bontés ſpéciales dont Sa Majeſté vous honnore, en vous prodiguant les ſecours en tout genre pour recevoir l'éducation la plus accomplie. Mais vous embraſe-t'-elle d'une nouvelle ardeur, pour mériter de plus en plus d'être les objets de ſa bienfaiſance?

Interrogez-vous vous mêmes ſur ce point; & s'il en eſt parmi vous, dont l'Émulation s'af-

A 2

foiblisse, au lieu de s'accroitre, qu'ils rougis-
sent de participer aux bienfaits du Roi. Ils
ne font pas dignes d'occuper une place dans
cette Académie.

Prétendons-nous que vous fassiez tous les
mêmes progrès? Non, MESSIEURS: il ne
nous est permis que de le désirer; & comme
il ne dépend pas de vous d'être doués d'une
égale portion de talens, nous ne pouvons rai-
fonnablement exiger que vous atteigniez aux
mêmes succès.

La nature verse sur nous ses faveurs avec
plus ou moins d'abondance; & ses dons font
divers.

L'un reçoit en partage une mémoire heu-
reuse. Tous les objets se gravent dans son
ame; & l'empreinte n'en est jamais effacée.
Mais il manque de jugement. Il entasse con-
fusément connoissances sur connoissances, idées
sur idées, & n'a point l'art de les combiner
& de s'en servir au besoin. Il sera chargé des
dépouilles de toutes les nations & de tous les
fiecles; & toujours pauvre, comme l'avare,
au milieu des richesses, il ne fera que trainer
par-tout après lui un poids inutile.

L'autre a l'Intelligence prompte & facile. Mais ses sensations ne sont point aussi durables que vives. Les images des choses ne font que glisser pour ainsi dire sur son esprit. Son imagination le maitrise, l'emporte; & ce qu'il acquiert en superficie, il le perd du côté de la profondeur.

Celui-ci, d'un caractere froid & tranquille, ne peut s'attacher qu'à ce qui satisfait sa raison. Il ne demande que lumiere & vérité. Le bon sens ne le quitte jamais. Mais son ame, incapable des grands efforts, est presque toujours réduite à ramper. Sa sphere est marquée. Il se traine servilement sur les traces de ceux qui l'ont précédé; & s'il parvient à connoître & à saisir les inventions d'autrui, il est hors d'état par lui même d'ajouter aux richesses de l'esprit humain & d'honnorer son siecle & sa nation par ses découvertes. C'est qu'il est privé de ce feu sacré, qui est le principe & la source du grand, du sublime, du merveilleux, & qui agite, échauffe, pénetre le vrai génie.

Celui-là, d'une constitution foible & délicate, a cette finesse de tact, qui est comme la base des arts d'agrément; cette pénétration vive & subtile, qui fait discerner sans nuage tout ce qui peut plaire ou déplaire dans les différentes productions de l'esprit; ce goût naturel enfin, sans lequel on ne marche jamais qu'à tâtons dans les sentiers du bon & du beau. Mais il n'a, ni cette force qui retourne les objets sous toutes les faces & qui les maitrise à son gré; ni cette activité courageuse, mâle & soutenue, qui s'élance au delà de ce qui est pour créer des Etres nouveaux. Il n'a donc jamais que le mérite de polir, de perfectionner les ouvrages, qu'une imagination plus féconde & plus riche a déjà fait éclorre.

Cet autre est doué du génie de l'invention. Il s'occupe bien moins de ce qu'on a trouvé dans les sciences & dans les arts, que de ce qui reste à y découvrir. Il fouille sans relache dans le sein de la nature; & souvent il en tire les thrésors les plus précieux. Mais ses productions sont toujours comme le métal qu'on extrait de la mine, brut, informe, plein d'alliages & de matieres étrangeres. Il ne sçait, ni les épurer au creuset de la composition, ni les disposer dans l'ordre convenable, ni leur donner cet éclat qui frappe, qui attire & qui fixe tous les regards. Son imagination vigoureuse est quelquefois sublime ; & fes fuccès tiendroient du prodige, s'il marchoit fur les pas des graces & à la lueur du flambeau du goût.

Tel eft le partage des talens entre les hommes : nous devons plus ou moins à la nature ; & perfonne ne doit fe flatter de réunir l'univerfalité de fes dons.

Cependant les befoins divers de la fociété font remplis. Les uns excellent dans les arts d'imagination ; les autres, dans les fciences exactes ou fpéculatives. Ceux-ci fe confacrent à défricher des terres incultes & à amaffer des matériaux utiles. Ceux-là percent les profondeurs de la nature ; & tandis que ce petit nombre d'heureux génies étend la fphere de nos idées & multiplie nos connoiffances, d'autres les font fervir au bonheur de l'humanité.

Mais fi, dans la différence de vos progrès, nous avons égard à l'inégalité de vos forces & de vos difpofitions naturelles, nous ne voyons pas du même œil & avec la même indu'gence, combien vous vous reffemblez peu du côté de l'Émulation, & par cette noble ardeur de vous diftinguer dans vos Etudes, qui doit vous enflammer tous tant que vous êtes.

Un établiffement unique, moins encore par l'importance de fon objet que par la nobleffe de fon exécution, & digne en tout des grandes vues de FREDERIC, eft formé dans cette Capitale en faveur de la jeune nobleffe de fes États. Quinze fujets d'Elite doivent y être élevés aux fraix de Sa Majefté de la maniere la plus brillante & la plus folide, pour être utilement employés un jour dans les armées & dans l'adminiftration politique: & c'eft vous qu'on choifit, dans tout le Corps de la nobleffe Pruffienne, pour une deftination auffi flatteufe qu'intéreffante !

Sentez-vous bien tout le prix de cette faveur? Et faites-vous bien attention à tout ce qu'elle vous annonce pour l'avenir? Si de pareilles confidérations ne font pas capables de vous émouvoir, & de vous porter à faire des efforts continuels pour vous furpaffer les uns les autres dans la carriere de vos études: vos fentimens démentent votre naiffance; & l'on s'eft mépris dans le choix qu'on a fait de vous.

Vous comporterez-vous de maniere qu'on ait lieu de se repentir de vous avoir honnorés d'une distinction, à laquelle tant d'autres aspirent & qui auroient plus de titres pour l'obtenir? A Dieu ne plaise que nous le pensions! Tout nous fait espérer, au contraire, que, si jusqu'à présent vous n'avez pas tous montré au même degré dans vos exercices, cette vive Émulation que nous sommes en droit d'exiger de vous, vous vous efforcerez désormais de répondre à nos soins, & au zele qui nous anime pour votre avancement.

Il est un temps, où la jeunesse, volage & frivole, est en quelque sorte excusable de s'oublier, de négliger ses véritables intérêts, de ne pas concevoir toute l'étendue de ses devoirs, de ne pas sentir toutes les conséquences d'une bonne éducation, de n'envisager enfin l'étude & l'application que comme une servitude, à laquelle l'autorité soumet la foiblesse. La réflexion n'est guere que le fruit de la maturité de l'esprit; & l'esprit ne se développe qu'avec les années.

Delà vient, MESSIEURS, que nous n'avons employé jusqu'à ce moment que les exhortations & la douceur pour vous arracher à la diſſipation ou à l'indolence. (Je parle en général: car j'en pourrois nommer quelques-uns; qui n'ont encore mérité que des éloges, & dont le travail ſoutenu ne fait qu'accroître nos eſpérances de jour en jour). Cependant le Roi veut, que, fermant les yeux ſur toute autre conſidération que celles du bien public & des ſuccès de cette Académie, qui eſt tout à la fois l'ouvrage de ſa bienfaiſance & de ſa ſageſſe, nous dénoncions, ſans déguiſement comme ſans paſſion, ceux d'entre vous, pour qui, faute de capacité ou d'application, ſes faveurs ſeroient inutiles; & notre honneur, qui eſt eſſentiellement lié à vos progrès, nous en preſcrit lui-même la dure neceſſité.

Nous avons vû, à quelle diſtance vous êtes les uns des autres; & quoique cette différence ſenſible dans votre avancement ait été produite en partie par le plus ou le moins d'Émulation qui regne entre vous, nous n'avons encore porté aucunes plaintes. Gardez vous, MESSIEURS, d'en conclurre, que nous le voyïons avec indifférence; ou que nous ſoyïons toujours auſſi indulgents, ſi ceux, à qui je m'adreſſe ſur-tout ici, ne mettent à profit les avis déſintéreſſés que le zele m'inſ-

pire. Notre filence à l'avenir feroit une infraction manifefte de nos devoirs.

Vous entrez dans un âge, où l'on eft fufceptible de réfléxion, & où l'on eft d'autant moins excufable dans fes fautes qu'on peut en entrevoir les fuites & que le principe en eft ordinairement dans la volonté. Montrez-vous enfin dignes de votre naiffance, de votre deftination & de la bienveillance du Roi; & comptez toujours fur nos foins les plus affidus. Ils augmenteront même encore, s'il eft poffible, pourvû que vous nous fecondiez par votre application.

Il n'eft aucun de nous qui ne s'intéreffe vivement à vos fuccès; & la plus grande fatisfaction que nous attendions de notre travail eft celle de vous voir avancer dans les différentes parties de vos Études autant que vos talens peuvent le permettre. Mais quels efforts n'a-t'on pas à faire pour furmonter le dégout que produit l'indolence où la diffipation de ceux qu'on inftruit? Tout fe refroidit, tout languit, tout tombe dans une efpece de léthargie, quand l'ardeur n'eft

point égale de part & d'autre. Quelle cha-
leur, au contraire, anime les leçons d'un
maître, qui s'attache fortement à ſes éleves,
& qui les trouve toujours également ardens
à profiter de ſes inſtructions; qui n'ambi-
tionne que de les former, & qui déjà voit
ces jeunes plantes, objets de ſa culture, ſe
couvrir des fruits les plus doux!

Le travail ne nous donne point le talent: mais il le vivifie; & preſque toujours
ils ſont infructueux l'un ſans l'autre. Que
peut l'Étude ſans le génie? Et que peut à
ſon tour le génie ſans l'Étude? Ils s'entr'ai-
dent mutuellement, & concourent au même but (*).

Il n'appartient qu'aux petits eſprits de ſe
repoſer entierement ſur leurs diſpoſitions
naturelles. La préſomption doit former en
partie leur caractere. Les génies ſupérieurs
ſont ceux qui ſe livrent davantage au tra-

(*) Ego nec ſtudium ſine divite vena,
   Nec rude quid proſit, video ingenium. Al-
           terius ſic
  Altera poſcit opem res, & conjurat amice.
                   Hor.

vail, parce qu'ils en fentent mieux la né-
ceffité. Ils apperçoivent toujours devant
eux un efpace immenfe, qu'il leur faut
parcourir, avant d'arriver à la perfection
qu'ils veulent atteindre; & plus ils s'éclai-
rent, plus ils reconnoiffent de bonne foi
leur ignorance, & l'inutilité du talent fans
culture. Que produit un champ négligé, fi
ce n'eft des ronces & des epines (*).

Il eft fans doute des terreins tellement
ingrats, qu'on les cultiveroit en pure perte.
Il eft auffi des efprits fi ftériles, qu'on
n'en fçauroit jamais rien tirer. Heureufe-
ment pour le genre humain, ces fortes de
phénomenes font rares. La nature eft plutôt une mere tendre & fenfible, qu'une
maratre dure & cruelle; & fi les hommes
étoient plus attentifs aux dons qu'elle leur
à faits, ils découvriroient peut - être toujours en eux des traits de fa bienfaifance.

Ce qui nous diftingue les uns des autres, c'eft furtout la culture. Combien
d'heureux génies font reftés enfouis, pour

(*) Neglectis urenda filix innafcitur agris.

avoir été méconnus ou livrés à eux-mêmes? Et combien d'Esprits médiocres & presque sans talens sont devenus des membres utiles de la société, & quelquefois les instrumens du bonheur public, à force de travail & d'application, avec le secours du temps & de la patience? Il n'est pas de cœur si farouche qu'on n'adoucisse par l'instruction, pourvû néanmoins qu'on s'y prête (*); & cette pensée n'est pas moins vraie par rapport à l'Esprit.

Voilà, MESSIEURS, ce que ne doivent jamais perdre de vue ceux qui sont chargés du dépot de l'enseignement; & ce que vous devez vous dire à vous mêmes, toutes les fois que la nature semble vous opposer des obstacles, qui paroissent au dessus de vos forces. Ne vous occupez alors que des moyens de les surmonter; & que les progrès de ceux qui vous dévancent dans la même carrière, loin de vous jetter dans le découragement, ne serve qu'à rallumer votre ardeur. Vous atteindrez comme eux au terme si vous ne vous rallentissez pas.

(*) *Nemo adeò ferus est qui non mitescere possit,*
Si modò culturæ patientem commodas aurem.

Peut-être vous en coûtera-t'il davantage : mais votre mérite en fera plus grand ; & vous en acquerrez plus de gloire.

On rencontre quelquefois de ces hommes, fur qui la nature s'eft plû en quelque forte à accumuler tous fes dons. Ils conçoivent aifément & avec promptitude. Ils retiennent tout ce qu'ils voyent & tout ce qu'ils entendent. Rien ne les arrête dans la vafte carriere des arts & des fciences ; & ils la parcourent avec la rapidité des éclairs. Les langues, ces inftrumens néceffaires & indifpenfables de nos connoiffances, ne font pour eux que des jeux & des délaffemens. Ils s'élevent aux fpéculations les plus fublimes de la métaphyfique, & pénetrent dans les myfteres de la nature avec une égale facilité. Ils faififfent les grands principes de la morale & de la politique ; & les immenfes replis du cœur humain ne fçauroient jamais rien dérrober à leur fagacité. Ils parlent & ils écrivent avec intérêt & avec graces. Le fentiment leur fait difcerner partout le bon & le beau. En un mot, ils vont toujours bien, fans chercher pourquoi ; &

n'ont qu'à se livrer à une espece d'instinct qui les guide.

Ces sortes de génies sont admirables. Mais c'est la nature seule qui nous ravit en eux & qui excite notre admiration: au lieu que ceux, qui, à force de lutter contre la nature même, parviennent à un certain degré de perfection, qui ne doivent rien qu'à l'opiniatreté de leur travail & à leur constance, sont véritablement dignes de tous nos éloges & de la reconnoissance de la patrie.

C'est à ceux d'entre vous, qui sentent la foiblesse de leurs talens, à s'arrêter à cette considération importante. Qu'ils s'appliquent sans cesse à les cultiver, & qu'ils mettent le temps à profit: ils n'auront pas toujours à se plaindre des disgraces de la nature; & leurs progrès, pour être lents, n'en deviendront pas moins utiles à la société.

J'ose même ajouter ici, sans craindre de tomber dans le paradoxe, que, plus l'instruction pénetre difficilement dans l'ame, plus elle s'y affermit sur des fondemens solides & iné-

bran-

branlables. Que ne fait-on pas d'une cire molle & flexible? On la plie à toutes les formes; On y empreint à fon gré tous les caracteres: Cependant un rien les efface. De même, un édifice, élevé fur le fable, s'il fe foutient long-temps, doit tout à l'habileté & à l'art de l'architecte, qui, fidelle obfervateur des loix des proportions, à fçu affembler les différentes parties de fon ouvrage, de maniere qu'elles s'étayent mutuellement. Mais formez une empreinte fur l'airain ou le marbre, le temps ne parviendra peut-être jamais à la détruire. Bâtiffez fur le roc, vous ferez amplement dédommagés de vos depenfes & de vos peines par la ftabilité de votre edifice.

Tel eft l'efprit humain: Les images des chofes s'y confervent d'autant plus, qu'elles ont pénétré jufqu'à lui avec plus de difficulté. Il n'y a qu'une attention foutenue fur les mêmes objets qui y faffe des traces profondes. Il n'y a qu'une combinaifon, long - temps réfléchie des mêmes idées, qui affure le vrai fçavoir.

Mais d'ailleurs, il ne faut pas croire, que les talens les plus brillans foient tou-

jours ceux dont la société retire le plus d'a-
vantages. Les génies faciles, pour la plûpart, se livrent à l'impression de tout ce
qui les frappe. Ils embrassent tout. Ils
veulent tout apprendre. Une idée succède
à l'autre; & ils n'acquierent presque jamais que des connoissances superficielles.
Les esprits lents, au contraire, ne sont
point maitrisés par l'imagination. Ils en-
trevoient partout des obstacles à surmonter; & ils craignent de sortir des bornes,
que la nature leur a prescrites. Ils s'atta-
chent à un objet unique; & insensiblement
ils l'approfondissent: de maniere que, si
ceux là ont communément plus de clin-
quant, ceux - ci ont en général plus de so-
lidité.

Vous jugeriez mal de mes sentimens, si
vous pensiez que mon intention soit de ra-
baisser le véritable génie, & de lui pré-
férer la médiocrité des talens ordinaires.
Non, MESSIEURS: je ne veux que vous
représenter les abus qu'on fait si souvent
des plus précieux dons de la nature, pour
vous porter à les éviter; & qu'encourager
ceux, qui sont nés avec des dispositions

moins heureuſes, en leur indiquant les moyens de bien mériter de la patrie & de l'humanité.

. Les hommes de génie ſont en très-petit nombre: & ce qu'il y a de plus étrange, c'eſt qu'ils ſont preſque toujours au deſſous d'eux mémes, ſoit par l'uſage qu'ils font de leurs talens, ſoit par les vîces & les écarts où les grandes paſſions les entrainent. On en voit peu, qui ſoyent attentifs à faire valoir les dons qu'ils ont reçus; & moins encore, qui les rapportent au plus grand bien de la ſociété. Dans quelle claſſe d'hommes trouvons-nous le plus d'inſtruction, de vertu, de ſageſſe, d'humanité, de patriotiſme & de religion? C'eſt dans celle, où, par cela même qu'on eſt incapable de s'élever à ce qu'il y a de plus grand, on eſt forcé de s'attacher à ce qu'il y a de plus utile; où, ne pouvant briller par les fruits du génie, on cherche à mériter l'eſtime & la bienveillance de ſes concitoyens par ſes connoiſſances & par ſes vertus; où, ſi l'on eſt hors d'état d'etonner le monde par la beauté de ſes productions & par la rareté de ſes découvertes, on veut aider ses semblables de ses lumieres & de ses travaux.

Êtes - vous ornés des plus beaux talens? Tremblez à la vue des écueils qui vous environnent; & surtout craignez d'être ingrats envers la nature. Vous serez comptables de toutes les faveurs qu'elle vous à faites. Vos facultez naturelles, vous obligent-elles à vous renfermer dans un cercle plus commun, dans une sphere plus étroite? Songez, que, par votre application à les cultiver, vous pouvez parvenir encore à être de bons citoyens, des sujets estimables, des bienfaiteurs de l'humanité, de grands hommes.

Mais ce n'est pas sans beaucoup d'efforts qu'on parvient à fertiliser un terrein qui est ingrat par sa nature. Regardez, MESSIEURS, les belles années, que vous êtes destinés à passer dans cette Académie, comme le temps le plus précieux de votre vie. Il vous importe d'en profiter. Que de regrets n'auriez vous pas un jour, si vous négligiez de l'employer à votre instruction? On ne recueille que ce qu'on a semé. On n'est en état de se distinguer dans les différens emplois de la société, qu'autant qu'on s'y eſt préparé d'avance par de bonnes Etudes. A peine y eſt-on engagé, qu'on reconnoit ſon incapacité & ſon inſuffiſance: Mais il n'eſt plus temps alors de revenir ſur ſes pas. On eſt emporté par le tour-billon du monde & des affaires. Une foule d'objets vous aſſiegent, diſſipent votre eſ-prit, enlevent votre ame pour ainſi dire loin d'elle même; & l'on ſe déshonnore, en même temps qu'on eſt inutile à ſoi même & aux autres.

Combien ne rencontre-t'on pas malheureu-ſement, dans tous les pays, de ces Etres, qui, ſelon l'expreſſion d'un ancien, ne font que ſur-charger inutilement la terre (*)? Si le hazard les a fait naitre dans l'opulence & dans la grandeur: ils impoſent au vulgaire, qui ne juge des hommes que par les dehors; & les ſages, qui n'apperçoivent en eux que petiteſſes & ridicules, ne les enviſagent que d'un œil de pitié. Si la faveur, l'intrigue, la cabale les conduiſent aux grands emplois: ils font, ou des deſpotes impérieux, qui n'écoutent que la voix de leurs préjugés &

(*) *Telluris inutile pondus.* OVID.

de leurs paſſions; ou de foibles machines qu'on remue à ſon gré, & qui n'ont aucune conſiſtance. Ils accumulent fautes ſur fautes, juſqu'à ce qu'enfin la même roue, qui avoit produit leur élévation, les précipite du point où elle les avoit fait monter. S'ils rampent dans l'obſcurité, la Baſſeſſe, & s'ils trainent leurs jours malheureux dans une vile pouſſiere: ils n'ont, ni eſpoir, ni reſſources pour en ſortir; & le mépris de leurs concitoyens vient encore aggraver le poids de leurs maux.

Détournons nos regards, MESSIEURS, d'un pareil tableau; & fixons les plutôt ſur celui, que nous offrent, dans toutes les conditions, ces hommes rares & privilégiés, qui ont ſçu cultiver avec fruit leurs talens naturels, & s'enrichir des plus belles connoiſſances.

Ils ne ſont nulle part déplacés. On les eſtime, on les honnore également par-tout. On recherche leur amitié. On a ſouvent beſoin de leurs ſervices. On ne les emploie jamais ſans ſuccès. A couvert des atteintes de la fortune, ils peuvent braver

ſes caprices; ou s'ils eſſuyent des injuſti-
ces & des revers, tôt ou tard ils ſe rele-
vent avec éclat. On s'empreſſe de toutes
parts à leur tendre une main ſecourable.
Ceux qui les favoriſent croyent s'honnorer
par leurs propres bienfaits; & ceux qui les
oppriment deviennent les objets de l'indi-
gnation & de l'horreur publique.

Mais quelles reſſources ne trouve point
en lui - même l'homme inſtruit & éclairé?
Quelles délices plus pures que celles qu'il
goute dans l'exercice de ſes connoiſſances &
de ſes talens? Rien ne lui eſt étranger.
Tous les Etres de la nature, tous les objets des arts & des ſciences deviennent en
quelque ſorte ſon domaine. L'antiquité lui
ouvre ſes thréſors; & ſon eſprit, s'abreu-
vant à longs traits dans les ſources les plus
abondantes, acquiert tous les jours de nou-
velles forces. Son ſiecle étale à ſes yeux
ſes productions diverſes; & il en jouit
comme des ſiennes propres. S'il eſt aſſés
heureux lui - même pour faire d'utiles découvertes: il ſçait, que, la génération pré-
ſente fut - elle ingrate, la poſtérité lui ren-
dra juſtice, & le dédommagera avec uſure

de ce que lui auront refufé fes contempo-
rains. Cet efpoir le foutient, & répand
mille douceurs fur tous fes travaux.

La nature ne nous a pas tous deftinés à
éclairer le monde par les productions du
génie. Mais elle nous a prefcrit à tous des
devoirs à remplir dans la fociété. Ainfi
perfonne n'eft difpenfé de travailler à fon
inftruction. Mais à qui importe-t'il plus
qu'à vous, MESSIEURS, d'orner votre efprit & de perfectionner vos talens?

Au fortir de cette Académie, vous obtiendrez fans doute des bontés du Roi des
poftes honnorables; & peut être remplirez-
vous un jour les places les plus diftinguées.
On préfumera, qu'ayant eu l'honneur d'ê-
tre préférés à tant d'autres fujets, & d'ê-
tre élevés avec tant de foin, comme vous
l'etes, aux fraix mêmes de Sa Majefté, vous
avez, non feulement de l'intelligence, des
talens, du génie, mais les connoiffances,
les fentimens, les mœurs, les vertus, qui
rendent dignes des premieres dignités de l'É-
tat, & qui affurent les grands fuccès.

Que n'exigera - t'on pas de vous alors ?
Il ne vous fera jamais permis de ne vous
montrer que comme des hommes ordinaires. La médiocrité feroit une forte de baf-
feffe & prefque une flétriffure des-honno-
rante. On vous mépriferoit, fi, par une
fupériorité décidée fur tous vos fubalternes,
vous ne forciez l'envie même à fe taire &
à vous accorder fon fuffrage.

Reffemblerez - vous à tant d'autres, qu'on
voit, dans la plûpart des gouvernemens,
écrafés en quelque maniere fous le poids
des fonctions qu'ils exercent, & chez qui,
après le nom & le rang, on ne trouve plus
rien qui mérite d'en impofer ?

De là viennent tant de défordres qui trou-
blent l'ordre public.

Qu'eft - ce, en effet, qu'un homme en
place, qui manque de lumieres, & dont
la conduite ne fçauroit infpirer de la con-
fiance & de la confidération à ceux qu'il
commande ? C'eft un homme, qui, fem-
blable à ce foliveau, tombé du ciel au milieu d'un Etang, dont nous parle un ancien fabulifte, fe laiffe fouler aux pieds par
fes propres fujets. Il eft, ou préfomptueux,

parce qu'il se méconnoit; & alors on se rit de sa vanité, en même temps qu'on se joue de son ignorance & de sa foiblesse; ou une ame pusillanime & lâche, que tout embarrasse, que tout effraie, qui ne pense & n'agit jamais d'après lui - même, qui n'embrasse jamais de parti généreux, qui ne fait paroitre qu'irrésolutions & que craintes, au lieu d'embraser les autres des feux de son courage & de les soutenir par sa force; & alors on n'obéit qu'en tremblant à ses ordres, ou l'on sécoue le joug de l'autorité pour ne suivre que son caprice.

L'autorité, quelle qu'elle soit, est toujours respectable. Mais c'est la sagesse, c'est la droiture, ce sont les vertus qui la rendent telle. Renoncez y pour jamais, Messieurs, si vous n'acquérez les qualités qui en sont la base.

Je suis bien éloigné de condamner toute espèce d'embition; & je suis même très convaincu, qu'il en est une, qui non seulement ne mérite pas de censure, mais qui est louable & qu'on doit exciter dans les cœurs. Elle nait d'un principe vertueux;

& son objet n'eſt pas tant de jouir ſoi-même de plus grands avantages & d'aſſurer plus efficacement le bien-être de ſes proches, que d'être à portée de mieux ſervir ſa patrie & de concourir avec plus de ſuccès au bonheur de l'humanité.

Mais je ne puis m'empêcher de plaindre tout homme, qui, quoiqu'animé par de nobles motifs, ne fonde point ſon élévation ſur un mérite réel & ſolide. S'il parvient à ſon but, il n'en ſera que plus malheureux. Que la fortune, aveugle & bizarre, ſoit conſtante dans ſes faveurs: mais quel ſupplice, pour un cœur qui n'eſt pas entierement corrompu & pervers, de ne devoir tout ce qu'on eſt qu'au hazard ou à ſes intrigues, & de ſe voir fort au deſſous de ſon rang & de ſes fonctions; de ſentir, qu'au lieu de faire tout le bien qu'on devroit, on prive le public des ſervices que d'autres pourroient lui rendre dans le poſte que l'on occupe; d'être forcé en un mot, pour vivre en paix avcc ſoi-même, d'étouffer tous principes d'honneur, d'honnetteté, de patriotiſme, de religion & de vertu!

C'eſt maintenant, MESSIEURS, que vous devez commencer à aſſurer les fondemens de l'important ouvrage de votre education. Affermiſſez - vous dans les bons principes. Rectifiez votre jugement. Ornez votre eſprit. Réglez votre cœur. Combattez vos penchans vicieux. Accoutumez - vous à l'ordre & à la décence, Contractez l'heureuſe habitude du travail & de la réfléxion. Soyez exacts à tous vos exercices, attentifs à toutes nos leçons, vigilans à tous vos devoirs. Par là, vous obtiendrez l'eſtime publique, les ſuffrages de vos Profeſſeurs & de vos gouverneurs, la bienveillance de notre illuſtre Chef, & les faveurs d'un Souverain qui ſait diſtinguer le mérite & le récompenſer noblement.